Abkühlung für Hunde

Smilla Drenhaus & Amy Kruse

Eine Abkühlung für Hunde

Impressum

© 2018 Smilla & Tanja Drenhaus ; Amy & Dajana Kruse
     Berlin
     1.   Auflage Juni 2018

Das Werk ist einschließlich aller seiner Teile
urheberrechtlich geschützt.
Für die Richtigkeit der Angaben wird trotz sorgfältiger
Recherche keine Haftung übernommen.

Illustration/ Rezept-Fotos/ Cover- Foto:
Tanja Drenhaus (www.liquidt.de)

Umschlaggestaltung, Satz & Layout:
Tanja Drenhaus & Dajana Kruse

Herstellung und Verlag: BoD- Books on Demand, Norderstedt
ISBN: 978-3-7528-2010-2

Dieses Buch widmen wir allen 4-Beinern, denen ebenso
heiß ist wie uns und sich über eine leckere Abkühlung
freuen

eure

Smilla & Amy

Wie alles Begann

Smilla und Amy können nicht unterschiedlicher sein, aber eine große Gemeinsamkeit habe beiden: Sie lieben Kekse. Kekse in allen Variationen und Größen.

Bei einem schönen Herbstspaziergang steckten die beiden die Köpfe zusammen und tüftelten einen tollen Plan aus. Leider wurden ihre Frauchen im Vorfeld nicht eingeweiht, sondern vor vollendete Tatsachen gestellt. Acht Wochen lang backten, feilten und schrieben die Beiden an ihren Kreationen.

Am 15.12.2017 veröffentlichten Smilla und Amy ihr erstes Backbuch „Liebe geht durch den Ofen". In diesem Buch brachten die beiden Bäckerinnen und ihre Freunde einige tolle Rezepte zum Vorschein. Sie sind einfach zu machen und sehr lecker.

Nach der Veröffentlichung gönnten sich beide eine Pause und tauschten sich über neue Ideen aus. Als die Idee gefunden war, machten beide ihren Frauchen wieder ordentlich Beine. So ein kleines Buch schreibt sich ja schließlich nicht von selbst.

Smilla tappte durch die Wohnung und delegierte ihrem Frauchen Tanja die Aufgaben. Natürlich wurden diese auch prompt umgesetzt.

Amy delegierte ihrem Frauchen Dajana die Aufgaben von der Couch aus.

Und so entstand ihr zweites kleines Wunderwerk!

Über die Autorinnen

Smilla RaketenPointermischling, seit 10.5.2015
Auf Malta geboren und auf den Straßen gelebt, wurde
sie eines Tages entführt. Nachdem sie einen Brief an
Hunderettungs e.V. geschrieben hatte, konnte ihr ein
Ticket für den Flug Malta Berlin spendiert werden -->
one way!
Am 28.10.2015 landete sie wie eine Rakete in den
Armen und das Leben von ihrer Tanja. Smilla wohnt im
Szene Bezirk X-berg, möchte aber um ihren Hobbies
nachgehen zu können, gerne ins Grüne umziehen. Da
sie mit Unruhe und Stress zu kämpfen hat und somit
weiß wie hinderlich das sein kann, setzt sie sich seit
2016 mit ihren Rezepten und Probierhäppchen für ihre
"gute Laune Kekse" auf Hundewiesen ein.
Und was mit Keksen funktioniert, muss doch auch als
Eis klappen.

Amy, Terriermischling seit 16.08.2015 mit festem Job als Bürosicherheitsbeauftragte, derzeit krankgeschrieben wegen „Burnout".
Sie wurde in Rumänien geboren und lebt seit dem 14.08.2015 im Berliner Bezirk Hellersdorf. Wuhletal und Umgebung nutzt sie sehr gerne, um sich in aller Ruhe Gedanken über neue Rezepte zu machen.
Da Amy selbst SDU hat, ist sie die Keksspezialistin für Hunde mit SDU und Lebensmittelunverträglichkeit. Ihr liegt viel daran, dass auch Hunde mit eingeschränkter Auswahl gute kleine leckere Abkühlungen erhalten.

Inhaltsverzeichnis

Vorgeplänkel

Jedes Buch hat eine Einleitung, so auch unseres. Keine Sorge es wird kein Roman, wir wollen Euch nur kurz die Grundlagen erklären und welche Möglichkeiten es gibt, gewisse Sachen zu ersetzen, falls Allergien und Unverträglichkeiten vorliegen.

Du brauchst keine Bedenken haben, dass wir hier hochgradig komplizierte Rezepte vorstellen. Vorerfahrungen sind nicht nötig, es ist wirklich ganz einfach.

Achtung,
Die Mengenangaben variieren natürlich je nach Größe der Hunde. Über eine mini Portion für Amy lacht Smilla nur milde. Also wandle die Mengenangaben ruhig ab. Kein Rezept ist in Stein gemeißelt und ein bisschen experimentieren innerhalb! der Zutaten ist völlig bedenkenlos.

! Kleine Warnhinweise!

Im Vorfeld solltet ihr auf jeden Fall testen ob Eure Fellnase Milchprodukte verträgt, da auch unsere 4-beinigen Freunde unter Laktoseintoleranz leiden können.

Dem Körper bzw. Darm des Hundes fehlen die Enzyme, um bestimmte Stoffe abbauen zu können.

Die Reaktion auf Milch könnte u.a. mit Durchfall einhergehen.

Falls ihr feststellt, dass euer Hund keinen normalen Naturjoghurt verträgt, könnt ihr auf Produkte, die aus vergorener Milch hergestellt wurden oder laktosefreie Produkte ausweichen. Wenn ihr Eis mit Joghurt macht, immer etwas Honig untermischen, dies erhöht die Bekömmlichkeit. Wie bereits erwähnt vertragen Hunde nur bedingt Milchprodukte

! Achtung: Bitte nicht zu viel Eis an einem Tag geben, es kann zu Bauchschmerzen & Durchfall führen!
Wie bei Allem, achtet bitte auf die Reaktion eures Hundes und fangt lieber vorsichtig an.

Anregung für Fruchteis:

- Äpfel
- Ananas
- Aprikosen
- Bananen
- Beeren (Erdbeeren, Heidelbeeren, Himbeeren)
- Birnen (nur überreif)
- Feigen
- Kiwis
- Melone
- Orange u.v.m

4

Vorbereitung

Um Hundeeis selber herzustellen, brauchst du keine große Vorbereitung. Wichtig ist sich vorher zu überlegen, was in der leckeren Abkühlung alles verarbeitet werden soll.
Alles was dein Hund gut verträgt und gerne mag ist Natürlich erlaubt.
Was benötigst du alles für das Hundeeis?
Nur die Zutaten, einen Mixer und/oder Pürierstab, Gabel zum Zermatschen geht auch. Evtl. etwas zusätzliche Flüssigkeit, wie z.B. Hühnerbrühe, Wurstwasser etc. Und natürlich Behältnisse für das Eis und Platz im Gefrierfach.

wichtig:
Bitte achte darauf, dass die Öffnungen der Behälter entweder groß genug sind, so wie z.B. bei den riesen Überraschungseiern oder wie beim Kong (zwei Löcher hat), damit kein Vakuum entstehen und die Zunge deines Hundes nicht festklemmen kann.

Wusstest Du, dass Schlecken eine sehr gute
Beschäftigung zum Stressabbau für Hunde ist?
Es ist also nicht nur ein tolle Abkühlung, sondern auch
Beruhigend.

Besonders für die Hunde, die unter der Hitze
zusätzlich nervlich leiden.
Also ran ans Eis machen, fertig los.
Wir wünschen Euch viel Spaß und gutes Gelingen.

*Was Smilla und Amy noch sehr am Herzen
liegt:*
→ lass deinen Hund immer abschmecken.
*Die Beiden haben darauf bestanden, dass
wir euch unter jedem Rezept daran erinnern sollen.*

So sei es.

Das Fruchtige

Hundeeis mit Banane

Zutaten:

2 EL	Quark/Joghurt
1 kl.	Schuss Öl
1 TL	Honig
¼	Banane

Zubereitung:

Zutaten in eine Schüssel geben, alles mit einem Mixer, einer Gabel oder einem Pürierstab zerkleinern, anschließend in die Behälter einfüllen und in den Tiefkühler stellen. Zwischendurch nachsehen, ob es schon angefroren ist.

Für manche Hunde ist Angefrorenes angenehmer als Tiefgefrorenes.

Banana-Split

Zutaten:

1	Banane
1 TL	Lachsöl
150 g	Hüttenkäse
1 TL	Honig
20 g	Trockenfutter oder Croutons

Zubereitung Variante 1 mit Trockenfutter:
Als erstes musst du das Trockenfutter zerkleinern, aber so, dass noch kleine Bröckchen zu sehen sind. Anschließend vermengst du das zerbröselte Trockenfutter mit den restlichen Zutaten, füllst alles ab und frierst es ein.

Zubereitung Variante II mit Crouton:
Brot in kleine Würfel schneiden und in der Pfanne kross anbraten. Anschließend vermengst du die Croutons mit den restlichen Zutaten, füllst alles ab und frierst es ein.

Bananen-Beeren- Eis

Zutaten:

150g Joghurt oder Quark

50g Beeren (Himbeeren oder Erdbeeren)

1 Banane

1 TL Honig

1 TL Lachsöl

Zubereitung:

Zutaten in eine Schüssel geben, alles mit einem Mixer und/oder Pürierstab zerkleiner und anschließend in deine Behälter füllen.

Die Behälter in den Tiefkühler stellen und warten bis alles gefroren ist.

Kleine Info:

Da Bananen und Blaubeeren reich an Antioxidantien sind, sind sie in Maßen besonders gesund für den Hund.

11

Joghurt trifft auf Wassermelone

Zutaten:

2 EL   Naturjoghurt

Wassermelone (Menge nach Bedarf/Wunsch)

Zubereitung:

Zutaten in eine Schüssel geben, alles mit einem Mixer und/oder Pürierstab zerkleinern und anschließend in deine Behälter einfüllen.

Zum Schluss deine Behälter in den Tiefkühler stellen und warten bis alles gefroren ist.

Aprikose-Dinkel-Eis

Zutaten:

1-2	entkernte Aprikosen
1/2	Becher Naturjoghurt
1 TL	Honig
5 EL	weich gekochter Dinkel

Zubereitung:

Als Erstes die 5 EL Dinkel gut durchkochen, abschütten und mit kaltem Wasser abschrecken.

Zutaten in eine Schüssel geben, alles mit einem Mixer und/oder Pürierstab zerkleinern und anschließend in deine Behälter einfüllen. Wenn du bzw. dein Hund gern etwas körniges Eis mag, musst Du den Dinkel nicht unbedingt pürieren. Zum Schluss deine Behälter in den Tiefkühler stellen und warten bis alles gefroren ist.

13

Mango- Joghurteis
(Amy´s Favorit)

Zutaten:
1   Mango
150g   Joghurt oder Quark

Zubereitung:
Zutaten in eine Schüssel geben, alles mit einem Mixer
und/oder Pürierstab zerkleinern und anschließend in
deine Behälter füllen.
Zum Schluss die Behälter in den Tiefkühler stellen und
warten bis alles gefroren ist.

Gruß vom Apfelmus

Zutaten:

5 EL	Apfelmus
1	Becher körniger Frischkäse
1 TL	Honig
2	zerkleinerte Walnüsse
1 TL	Kokosöl

Zubereitung:

Zutaten in eine Schüssel geben, alles mit einem Mixer und/oder Pürierstab zerkleinern und anschließend in deine Behälter füllen. Natürlich kannst du auch die Walnüsse nur grob zerkleinern, somit hat dein Hund noch etwas zu knuspern.

Zum Schluss die Behälter in den Tiefkühler stellen und warten bis alles gefroren ist.

fruchtiges Wassereis

Zutaten:

1 EL	Apfel
1 EL	Banane
1 EL	Birne
1 EL	Erdbeere
1 EL	Aprikose
	Ggf. Kokoswasser

Zubereitung Variante 1:

Das Obst jeweils in kleine Würfel schneiden und anschließend einzeln oder gemischt in einen Becher geben.

Den Becher mit Wasser füllen und anschließend in den Tiefkühler stellen.

Zubereitung Variante 2:

Das gesamte Obst mit dem Mixer oder Pürierstab zerkleinern.

Anschließend etwas in den Becher geben und ggf. mit Wasser und/ oder Kokoswasser auffüllen. Danach in den Tiefkühler stellen und warten bis das Eis fertig ist.

fruchtiges Müsli Eis

Zutaten:

100 g   Joghurt oder Quark

4 TL   Haferflocken

        Obst deiner Wahl

Zubereitung:

Die Haferflocken in den Joghurt geben und ca. 30
Minuten quellen lassen. Am besten mischst du die
Haferflocken und den Joghurt/ Quark einen Abend
vorher und lässt alles über Nacht quellen.

Nachdem die Haferflocken aufgequollen sind, kannst du
das Obst hinzufügen. Du kannst das Obst in
mundgerechte Stücke schneiden oder pürieren.

Vermenge das Obst anschließend mit dem Joghurt.

Fülle die Masse in deine Behälter und stelle sie dann in
dein Gefrierfach und warte bis alles gefroren ist.

Erdbeer-Basilikum-Eis

Zutaten:

250 g   Quark

100 g   Erdbeeren

1 TL   Basilikum

Zubereitung:

Zutaten in eine Schüssel geben, alles mit einem Mixer und/oder Pürierstab zerkleinern und anschließend in deine Behälter füllen.

Zum Schluss die Behälter in den Tiefkühler stellen und warten bis alles gefroren ist.

Nusseis mit Erdbeeren

Zutaten:

200 g   Frischkäse
150 g   Erdbeeren
1 EL   Kaltgepresstes Kürbiskernöl (unterstützt die
        Blasenfunktion und schmeckt nussig)
2 EL   geriebene Haselnüsse oder Walnüsse
1 TL   Honig

Zubereitung:
Alle Zutaten gut vermischen und zu einer weichen
Masse rühren. Wenn du es flüssiger magst, kannst du
etwas Wasser hinzufügen. Alles in deine Behälter
einfüllen und in dein Gefrierfach stellen.

die Enzymbombe

Zutaten:

1–2   Kiwis

150 g   Ananas

1 Stück Melone (nach Geschmack und Belieben)

        evtl. noch etwas Flüssigkeit, wie z.B.

        Kokoswasser oder einfaches Wasser.

        Üblicherweise genügt aber die Flüssigkeit der

        Melone.

Zubereitung:

Alle Zutaten zusammen pürieren. Je mehr Melone du nimmst, desto wässriger wird dein Eis.

Da Ananas und Kiwi zwei von den vier enzymhaltigsten Früchten sind, dürfen diese nicht mit Milchprodukten zusammen verfüttert werden.

Als schmackhafte und flüssigkeitsspendende Variante passt die Melone sehr gut dazu.
Alles in deine Behälter einfüllen und in dein Gefrierfach stellen.

Dies ist ein sehr gesundes Eis siehe kleine Frucht und Obstkunde.

Heidelbeer-Magen-Kuss

(für die Magen-Darm empfindlichen Hunde gut geeignet)

Zutaten:
150 g   Heidelbeeren
60 g   Quark (falls euer Hund milchhaltige Produkte
        verträgt)
80 ml   Kokoswasser
1 TL   Honig

Zubereitung:
Alle Zutaten miteinander vermischen. Die Heidelbeeren müssen nicht unbedingt püriert werden. Verträgt dein Hund keine Milchprodukte, kannst du den Quark einfach weglassen.
Wenn Du alles gut vermischt hast, fülle alles in deine Behälter und stelle diese in dein Gefrierfach.
Da besonders die Heidelbeere sehr gut gegen Magen-Darm Beschwerden geeignet ist, empfehlen wir dir hier, das Eis nur anfrieren zu lassen. So kann auch dein magenempfindlicher Hund eine gute gesunde den Darm unterstützende Erfrischung genießen.

21

Erdbeer-Mango mit Herz

Zutaten:

100 g   Mango

50 g   Erdbeeren (frisch oder TK)

20 g   Hühnerherzen

Zubereitung:

Als Erstes die Mango schälen und würfeln. Als Nächstes entfernst du den Strunk von den Erdbeeren und wäschst sie kurz unter fließendem Wasser ab.

Danach werden die Mango und die Erdbeeren püriert. Gib die Masse in einen Behälter und drapiere die Hühnerherzen in der Masse.

Alternativ kannst du die Hühnerherzen mit pürieren, dann muss das Eis nicht so schnell verzehrt werden.

Wichtig:

Die Hühnerherzen fangen nach ca. 2 Tagen im Tiefkühler an zu schrumpeln, falls du diese nur in den Eisbehälter am Stück drapierst.

Das Herzhafte

Hund immer! abschmecken lassen ♥

Das Blutige für Mutige

Zutaten:

50 ml   Blut (vom Rind, Huhn, Wild etc.)

200 ml Wasser

50 g   Fleisch

Zubereitung:

Das Fleisch kochen und pürieren. Die restlichen Zutaten dazu geben, abfüllen und dann einfrieren.

Hüttenkäse–Leberwurst–Eis

Zutaten:

2 EL   Leberwurst

150 g   Hüttenkäse

1 EL   ÖL (Leinöl, Rapsöl, Distelöl o.ä)

1 TL   Honig

Zubereitung:

Zutaten in eine Schüssel geben, alles mit einem Mixer und/oder Pürierstab zerkleinern und anschließend in deine Behälter füllen.

Zum Schluss die Behälter in den Tiefkühler stellen und warten bis alles gefroren ist.

Leberwurst-Petersilie-Hirseflocken-Eis
(Laktose frei)

Zutaten:

3 EL	Hirseflocken
1/2 Päckchen	gefrorene Petersilie
50 g	Geflügelleberwurst
4 EL	rote Beete Saft

Zubereitung:

Die Hirseflocken in etwa 4 EL Wasser etwa 5 min. einweichen lassen. Danach die Petersilie, den rote Beete Saft und die Leberwurst mit den Hirseflocken vermengen und in deine Behälter füllen. Natürlich kannst du auch etwas Wasser hinzufügen, wenn du das Eis wässriger haben möchtest.

Zum Schluss, wie gehabt deine Behälter ins Gefrierfach stellen und sie so lange bis dein Eis angefroren oder komplett gefroren ist drin stehen lassen.

Käse-Huhn- Eis

Zutaten:

4 EL   Hüttenkäse

1 EL   Öl

1   Hühnerbrustfilet

Zubereitung:

Das Hühnerbrustfilet vorher kochen oder braten. Du kannst es entweder in Stückchen mit dem Öl und dem Hüttenkäse vermengen oder vorher noch pürieren. Nach dem Vermengen abfüllen und dann einfrieren.

Kleiner Tipp:

Du kannst zusätzlich noch Gemüse (z.B. Karotten) untermischen und natürlich den Hüttenkäse durch Quark ersetzen und Goudawürfel hinzufügen.

Quarkeis an Huhn

Zutaten:

2 EL   Quark

1 TL   Öl

30 g   kleingeschnittenes Huhn

Zubereitung:

Das Huhn im Vorfeld kochen oder braten, anschließend alles miteinander vermengen, abfüllen und einfrieren.

Fischeis

Zutaten:

500 g   Quark

1 Dose Thunfisch

1 TL   Gemüsebrühe

1   Möhre

Zubereitung:

Zuerst raspelst du die Möhre und vermengst anschließend alle Zutaten miteinander. Danach einfach abfüllen und einfrieren.

→Als lustiges Topping, kannst du noch eine getrocknete Sprotte oben ins Eis stecken

Hühnerherz- Eis

Zutaten:

100 g Hühnerherzen

1   Apfel

250 g Quark

1 TL   Honig

Zubereitung Variante 1 mit Quark:

Die Hühnerherzen kochen und anschließend pürieren
oder du lässt sie am Stück. Falls du sie pürieren
möchtest, kannst du den Apfel gleich dazu geben. Die
Masse mit dem Quark und den Honig vermengen,
abfüllen und zu guter Letzt einfrieren.

Zubereitung Variante 1I mit Sud:

Du machst es genauso wie in der ersten Variante, lässt
allerdings den Quark und wenn du magst den Honig
weg. Du solltest allerdings dann beim Abkochen der
Hühnerherzen das Eiweiß abschöpfen, so erhältst du
einen schönen klaren Sud.

Karotte- Pferd- Eis

Zutaten:

4 EL   Hüttenkäse oder Quark

1 EL   Öl

50 g   Pferdefleisch

1-2   Karotten

Zubereitung:

Das Pferdefleisch als Ersten kochen oder braten. Du kannst es entweder in Stückchen mit Öl und dem Hüttenkäse vermengen oder vorher noch pürieren. Nach dem Vermengen abfüllen und dann einfrieren.

Crunchy -Chees- Eis

Zutaten:

20 g	Trockenfutter oder Fleisch deiner Wahl
150 g	körniger Hüttenkäse oder Schafkäse
1	Banane
1 TL	Honig
1 EL	Öl (Kokosöl, Leinöl, Lachsöl o.ä.)

Zubereitung Variante 1 mit Trockenfutter:
Zuerst das Trockenfutter zerbröseln. Du kannst es in eine Gefriertüte legen und mit einer Pfanne o.ä. zerkleinern. Lege dann aber zwischen Pfanne und Gefrierbeutel ein Handtuch als „Dämpfer".
Anschließend das zerkleinerte Trockenfutter mit den anderen Zutaten vermengen, in den Behälter füllen und ab in den Froster.

Zubereitung Variante 1I mit Fleisch:
Du machst es genauso wie in der ersten Variante, lässt nur das Trockenfutter und wenn du magst den Hüttenkäse weg.
Du solltest allerdings dann beim Abkochen des Fleisches das Eiweiß abschöpfen, so erhältst du einen schönen klaren Sud.

35

Kleine Frucht und Obstkunde

A

Ananas

ist besonders reich an Enzymen (Bromelain) und kann
daher unterstützend bei entzündlichen Erkrankungen
des Bewegungsapparates gefüttert werden.
Weiterhin kurbelt die Ananas die Fettverbrennung an.

wichtig: nicht mit Milchprodukten zusammen füttern!

Apfel

er versorgt den Körper mit an die 300 !! Biosubstanzen
und ist eine echte Wucht für das Immunsystem
Aprikose bekannt als Kaliumbombe. Sie liefert Calcium,
Zink, Eisen und Schwefel und ist somit besonders gut für
Nerven, Haut und Fell.

wichtig: unbedingt überreif verfüttern

B

Banane

sie hat eine schützende Wirkung auf die
Magenschleimhaut und liefert viele Vitamine,
Mineralien und Spurenelemente. Zudem ist die Banane
ein schneller Energielieferant.

38

Birne

sie gehört zu den säureärmeren Obstsorten und ist deshalb für empfindliche Hunde besser bekömmlich, als z.B. der Apfel. Sie wirkt entwässernd, ist reich an Kalium und Calcium und ihr enthaltenes Phosphor stärkt das Nervensystem.
Ihre Kieselsäure ist gut für Haut, Fell und das Bindegewebe.

Achtung: in größeren Mengen kann die Birne abführend wirken

E

Erdbeere

sie ist eine Vitaminbombe! Die Erdbeere enthält sogar mehr Vitamin C als die Zitrone. Durch den hohen Gehalt an vielen Mineralstoffen wie, Kalium, Phosphor, Eisen und Natrium, darf die Erdbeere gerne häufiger verfüttert werden. Sie wirkt sich positiv auf Appetit und Verdauung aus, unterstützt das Gehirn und verbessert die körpereigene Wundheilung. Sogar zur Unterstützung der Knochen, Muskeln und Gelenke, als auch bei beginnender Arthrose ist die Erdbeere zu empfehlen.
wichtig: reif bis überreif verfüttern!

F

Feige

sie ist reich an Biotin, Folsäure, B-Vitaminen, Kalium,
Phosphor und Eisen. Durch den hohen Anteil an
Ballaststoffen fördert die Feige eine gute Verdauung.

H

Heidelbeere

ihre bekannteste und tollste Eigenschaft ist ihre
regulierende Wirkung bei Magen-Darm-Erkrankungen.
Besonders bei Durchfällen, helfen die enthaltenen
Gerbstoffe dem Darm zurück ins Gleichgewicht zu
kommen und beseitigen auf sanfte Weise unerwünschte
Keime.

K

Kiwi

ist sehr reich an Vitamin C und besitzt das
eiweißlösende Enzym Actindin. Aufgrund des
eiweißlösenden Enzyms, sollte sie ebenso wie die Ananas
nicht zusammen mit Milchprodukten verfüttert werden.
Die Kiwi stärkt das Immunsystem und das Bindegewebe,
wirkt blutreinigend und harntreibend.

M

Mango

sie gehört neben Ananas, Kiwi und Papaya zu den vier
enzymhaltigen Früchten, die daher gut für die
Verdauung und entzündungshemmend bei Arthrosen,
Spondylosen und anderen entzündlichen Erkrankungen
des Bewegungsapparates sind.

Melone

sie ist bei Hunden sehr beliebt und bietet durch ihren
hohen Wasseranteil eine tolle Erfrischung an heißen
Tagen. Alle Melonen liefern Kalium und in
verschiedenen Mengen
Mineralstoffe und sind somit eine tolle Ergänzung.

O

Orange

ist die klassische Vitamin C Lieferantin und stärkt vor allem das Immunsystem. Aufgrund ihres hohen Säuregehalts, sollte sie nur maßvoll und überreif verfüttert werden. Zudem verfügt sie über ein sehr gutes Calcium- Phosphor- Verhältnis.

Unterstützenswertes

Unterstützenswertes

Germains Herzensstreuner
http://herzensstreuner.de/

Hunderettung e.V.
http://hunderettung-ev.com/

Tierheim Berlin
Hausvaterweg 39
13057 Berlin
http://www.tierschutz-berlin.de/

Schlusswuff

Schlusswuff

Für Fragen und Lob könnt ihr uns unter der E-Mail
Adresse smilla-amy@t-online.de schreiben. Bedenkt
dabei bitte, dass wir nicht gleich Antworten können.
Smilla muss sich immer erst ihrer Raketenenergie
widmen, bevor sie sich auf das Tippen konzentrieren
kann, antwortet dann aber gerne und voller
Enthusiasmus.
Da Amy derzeit mit „burn out" auf der Couch liegt, kann
es zu Verzögerungen kommen, aber sie wird eure
Fragen akribisch beantworten.

♥ Falls Ihr es noch nicht wisst... je mehr Bücher wir verkaufen, desto mehr können wir an Tierschutzorganisationen spenden ♥

ISBN-13: 9783746036335

Facebook:

Keksgruppe zum Buch

https://www.facebook.com/groups/926629670828743/?ref=bookmarks

Danke, dass Ihr unsere Bücher kauft und eure Fellnasen
mit unseren Rezepten eine Freude bereitet!

eure